LE TEMPS DES CHEFS EST VENU

Contact :
Edelweiss Editions
11 rue Denis Poisson
75017 PARIS
ltdchev@netcourrier.com

ISBN : 978-1539741053

Dépôt légal novembre 2016
19€

François BERT

LE TEMPS DES CHEFS EST VENU

Autopsie de la personnalité présidentielle
& solutions pour l'avenir

À la France,

Pays qui m'a vu naître et qui m'a fait grandir, me nourrissant de ses siècles d'Histoire héroïque, de ses saints, de sa poésie, de ses splendeurs cachées au coin des paysages et de sa joie de vivre en dépit des épreuves.

Mai 2012.

La France socialiste exulte, comme on crie de satisfaction après une longue attente. Il y a là le naturel relâchement du suspense de l'élection mais bien davantage encore le choix mental de croire en un homme sur lequel tant de doutes ont pesé.

À droite c'est, sans surprise, tout l'inverse. Les visages portent la déception évidente d'un long combat électoral qui tombe à l'eau mais, en filigrane, c'est aussi la colère d'avoir soutenu un Président sortant qui n'a jamais réussi à trouver sa place.

Aux extrêmes gronde la révolte et avec elle un sentiment puissant de non-représentation, d'imposture ou de viol.

Partout ailleurs, enfin, dans la masse immense des abstentionnistes, c'est l'indifférence qui s'enfonce un peu plus dans le dégoût de la politique et le désir de fuir le pays.

Il ne fallait pas être devin ni attendre 2017 pour voir comment ce pot-pourri d'émotions majoritairement négatives était prémonitoire. On croyait avoir touché le fond : on a fait bien pire.

Sommes-nous condamnés à enchaîner les mandats présidentiels catastrophiques ?

Le temps est venu de cesser de réfléchir seulement aux programmes pour parler enfin du seul sujet qui conditionne la transformation de l'élection présidentielle : le choix des bonnes personnes.

Car les hésitations et les ressentiments des uns comme des autres n'étaient ni plus ni moins que l'expression légitime du sentiment évident d'une erreur de casting.

Non, il n'y a pas de fatalité à la question présidentielle, il y a simplement l'avènement des mauvaises personnes à la candidature de ce mandat crucial.

Après une rétrospective de nos sept derniers Présidents, ce livre s'attachera à examiner les ressorts d'un système de promotion politique qui produit structurellement les mauvaises personnes et les mauvais comportements. Il redéfinira ensuite ce qui fait la vraie nature des chefs (il y a là une part d'inné que l'on ne peut pas nier). Il s'attachera enfin à décrire un ensemble de solutions concrètes pour changer la donne et assurer la sauvegarde et la pérennité de la fonction décisionnelle par excellence, censée anticiper et conduire l'avenir de la France.

TITRE 1 - RETROSPECTIVE

L'irrésistible glissement de la personnalité présidentielle

○ **Chapitre 1** - Tendances de fond : du roi au bouffon…

Ce n'est un secret pour personne : Charles de Gaulle a, quand il a créé la Ve République, longuement hésité à faire revenir la monarchie en France. Ses accointances avec l'Action française sont connues et sa proximité avec le comte de Paris encore vive au seuil de ce nouveau régime. Quoi qu'il en soit, c'est sans rien relâcher de son attachement à la personnalité monarchique que l'homme de la France libre élaborera le statut du Président « nouvelle génération ». La France sort de près d'un siècle de régime parlementaire dont les dernières phases ont poussé à l'extrême la volatilité du pouvoir.

Indirect en 1958, le suffrage devient universel et direct en 1962 : l'idée, après avoir donné au rôle présidentiel sa force par la Constitution, est de lui donner aussi une puissance de légitimité par la base élective qu'il embrasse. Nous connaissons trop le rapport intime qu'ont entretenu, notamment depuis Bouvines[1], les rois de France avec le peuple pour ne pas en voir la réminiscence choisie. Il y a là l'expression sanguine et charnelle d'un

---

[1] La bataille de Bouvines fut remportée par Philippe-Auguste sur une coalition germano-anglaise le 27 juillet 1214. Elle est le symbole à la fois d'une mobilisation populaire contre l'ennemi extérieur, via notamment la participation de milices communales, mais surtout de l'union du peuple et de son roi face au pouvoir des féodaux : Ferrand, comte de Flandres et Renaud, comte de Boulogne, tous deux vassaux du roi de France, s'étaient en effet alliés à l'empereur Allemagne et au roi d'Angleterre. Ils y furent défaits ; Ferrand fut emprisonné, Renaud eut ses terres confisquées. La victoire fut l'occasion d'une grande liesse dans tout le royaume.

chef porté par ses sujets sans le filtre aléatoire des aristocraties intermédiaires.

Le suffrage universel direct inverse la logique de la monarchie de droit divin puisqu'elle prend à Dieu et attribue aux hommes le pouvoir d'instituer l'autorité ; ce faisant elle continue de chercher comme en CDD le lien thaumaturge[2] et sacré qui unit les Français à leur chef. La logique est inversée. Ce n'est plus un roi qui reçoit, avec l'humilité que cela exige, un pouvoir venu d'en haut : c'est un Président qui attend qu'un sentiment majoritaire à son endroit lui permette d'exercer ; c'est un pouvoir qui ne cherche plus à transmettre un don reçu mais plutôt à le sauvegarder jalousement auprès de ceux qui n'en sont pas d'abord les bénéficiaires mais les donateurs.

Le pacte présidentiel repose par conséquent dès le départ sur une immense attente et une extrême exigence. Prendre les habits du roi démocratique exige de ne pas décevoir la confiance d'une majorité en habitant précisément le pouvoir consenti au niveau d'espérance et de vision qu'elle y a mis. Il y a une bascule des premiers instants à opérer : « Vous m'avez choisi, j'en accepte la charge et l'honneur, et je vais prendre toute ma place afin que vous ne soyez pas déçus ».

---

[2] Thaumaturge : les rois de France avaient suite à leur sacre le pouvoir de guérir les Ecrouelles (ou scrofule). Les jours suivant la cérémonie mais aussi tout au long de leur règne ils recevaient les sujets atteints par la maladie (plusieurs milliers pour certains rois). Ils les touchaient en prononçant la formule rituelle « Le roi te touche, Dieu te guérit ». Le dernier à avoir utilisé ce don fut Charles X.

C'est ainsi que le général de Gaulle voyait son rôle, car il lui semblait évident que, si c'était bien le peuple son commanditaire, il devait pour autant se mettre à l'écoute et au service de sa propre vision sur la séquence commencée. Viendrait, plus tard seulement, le temps des sanctions et des récompenses.

Nous sommes aujourd'hui à l'exact opposé de cela : il ne s'agit plus de porter une vision, il s'agit au mieux de dérouler un programme comme on livre une gamme de produits frais dans un supermarché, au pire d'animer continûment un « auto-commentaire » pour maintenir à niveau l'affection populaire. Il s'agit surtout, si l'on considère les choses en termes de temps passé et d'énergie consacrée, de faire semblant d'occuper le rôle sans courroucer personne. C'est un déguisement monarchique, un intérim d'apparence, une occupation vraisemblable d'un rôle mimé plutôt qu'habité.

Le roi a laissé la place à son bouffon. L'art de régner c'est aujourd'hui savoir divertir (aux deux sens du terme), plaire et complaindre, distraire et occuper, vendre et mystifier.

Chapitre 2 - Les 7 Présidents de la Ve République

Quand on se replonge dans l'histoire de la présidentielle on est frappé de voir comment ce qui était une institution d'exercice du pouvoir devient en quelques années, par le biais du suffrage universel direct et l'irruption de la télévision, un enjeu émotionnel considérable. Il y a là une sorte de rite du pathos national, un théâtre affectif des espérances déçues, des désirs refoulés, des rêves, des frustrations et des règlements de compte. Coller à cette affectivité débridée, cela signifie vite faire preuve d'une empathie de premier plan, pas tant pour dire aux gens ce dont ils ont besoin que leur montrer qu'on les a compris. Cela se traduira inéluctablement par une évolution de la personnalité présidentielle.

De Gaulle : visionnaire diviseur

Le général de Gaulle a une connexion planétaire. Il trouve sa mesure aux dimensions du monde. Chez lui s'agitent et se bousculent des réflexions sans cesse en mouvement. Il capte, pressent, donne le ton du temps futur. Il y a chez lui le sentiment enraciné qu'une légitimité se prouve et se mérite. Il raisonne comme un enfant précoce : il lui faut un cadre affectif total pour s'autoriser à être lui-même, comme si la présence d'une opposition dans son entourage l'inhibait tout à fait.

Ces dispositions hors du commun vont apporter un vrai bénéfice à la France mais leurs conditions d'expression vont générer deux problèmes fondamentaux : l'isolement de la fonction et du discernement qui y est associé d'une part, une sur-réaction au climat affectif et le clivage qu'elle induit d'autre part.

Charles de Gaulle pense en « décalé ». Il voit la tendance, sent les forces en mouvement, les ramène à ses idées. Il voit par « court-circuit », devine les évolutions possibles. C'est un visionnaire, pas un chef de guerre. Il imagine tellement le sommet qu'il en oublie les cols ; il bouscule son petit monde en toute hâte vers le point final et s'expose à tout moment à l'erreur topographique et à l'embuscade. Son entêtement paye souvent et sa baraka le protège mais à l'heure des comptes sur la ligne d'arrivée, il y a des dégâts.

La vision de De Gaulle a besoin de se dédoubler d'une intelligence de l'action, celle qui restitue au temps et à la force des éléments leur pouvoir d'érosion et de freinage légitimes. C'est ce qu'avait compris Napoléon au niveau militaire : pas de succès possible sans un Berthier[3] qui traduit ses visées stratégiques en possibilités tactiques, ses intuitions en réalisations. Il y a là un grand manque

---

[3] Louis Alexandre Berthier (1753-1815), Major général de la Grande Armée, suit Napoléon dans toutes ses campagnes et contribue aux succès de son chef par ses remarquables qualités d'organisation. Mort peu de temps avant Waterloo, beaucoup considèreront que la défaite fut grandement due à son absence. L'Empereur dira de lui : « Nul autre n'eût pu le remplacer ».

chez de Gaulle dont la répercussion directe sera une carrière militaire en demi-teinte. L'aventure littéraire puis politique lui donne enfin le champ qui correspond à sa taille de pensée et au succès espéré, mais c'est sans tenir compte des impératifs de réalité qui font passer les bonnes idées dans l'Histoire.

Nous l'avons vu, de Gaulle a besoin d'un environnement affectif absolument sûr pour avancer. Qui n'est pas à sa dévotion est contre lui. Pendant la Seconde Guerre mondiale, tous les ralliements de fractions alternatives par des personnalités fortes échoueront : Darlan, Giraud, Pucheu pour ne nommer qu'elles. Les tensions seront fortes avec un Leclerc ou un de Lattre mais l'obéissance propre au statut militaire y remédiera. Le faible soutien de Churchill et de Roosevelt feront pencher démesurément de Gaulle vers l'allié soviétique. Le prix en sera à payer à la Libération. La dureté affective de De Gaulle fait ainsi glisser un peu trop nettement sa ligne de conduite vers le ralliement inconditionnel à sa personne davantage que la poursuite des intérêts de la France. Il obtient la victoire mais œuvre de manière très insatisfaisante pour la réconciliation française.

Les raisons qui le font s'entêter au pouvoir sont les mêmes qui paradoxalement l'en font partir. Il y a du caprice de mal-aimé dans son rapport avec les Français. Ses idées têtues ont souvent du mal à se frayer un chemin dans le cœur des Français. Il faut dire que ceux-ci ont besoin de se sentir « embarqués » davantage que d'adhérer intellectuellement à une vision supérieure et ce tout particulièrement dans les temps de division : la meilleure vision qui soit s'efface alors devant le désir d'unité, de rêve, de dépassement collectifs. Henri IV en eut la formule lumineuse lorsqu'après avoir pris Paris, il fit imprimer et distribuer cette formule simple, soucieuse du temps d'après plutôt que de ressentiment : « le roi n'a rien vu, le roi n'a rien su ». De Gaulle met sa personne en jeu à chaque étape du destin de la France : quand il y a alignement entre les besoins de celle-ci et ses convictions (notamment dans toutes les phases ou l'indépendance de la France était à affirmer), cela fait carton plein ; quand il y a désalignement - étapes brûlées comme en Algérie, défiance en 46 ou en 69- il y a crise brutale (isolement ou fuite).

De Gaulle offre un génie beaucoup trop dépendant de l'affection qu'il en attend. Il inaugure une ère de clivage et de fragilité. On ne se rassemblera pas sur l'ouvrage futur, on se divisera sur le lien affectif que l'on choisit de garder - ou pas - pour le chef et on en suspendra le futur sur le seul décompte quantitatif qu'il représente.

- Pompidou : gestionnaire consolidateur

Il y a chez Pompidou un mélange étonnant d'enracinement paysan et de légèreté poétique. Il est dans le moment présent. La mort d'ailleurs viendra le cueillir en plein exercice, comme s'il n'avait jamais été question d'accélérer, d'affranchir ou de ralentir le cours des choses.

Pompidou vient absorber les poussées visionnaires de De Gaulle. Il leur donne leur espace d'incarnation, de digestion. Il préfère la simplicité qui se réalise à la complexité qui se bouscule. C'est un artisan. Il habite le moment de tout son discernement : ni activisme, ni attentisme, paroles justes et calibrées. Il aiguille l'action davantage qu'il ne l'aiguillonne. Il donne la cadence du juste faire, réagit à proportion du besoin et autant que possible à son juste timbre.

Les plus anciens se souviennent de la surprenante réponse qu'il fit à un journaliste lors de l'affaire Gabrielle Russier (suicide à Marseille d'un professeur amoureux de son élève de 16 ans et condamné pour détournement de mineur). À la fin de la question, il commence par se taire. Il n'a pas cette précipitation des premiers de la classe et dialecticiens qui brûlent de montrer qu'ils ont réponse à tout. C'est une première étape d'autorité. Puis il calibre sa réponse à ce qu'il lui sent juste de dire : « Je ne vais pas vous dire ce que j'ai pensé de cette affaire [...] ni même ce que j'ai fait. Quant à ce que j'ai ressenti ... ». Il cite alors « de l'Éluard », selon sa formule : « Moi, mon remords, ce fut la victime raisonnable au regard d'enfant perdu, celle qui ressemble aux morts qui sont morts pour être aimés ». Hauteur de vue et perspective s'imposent dans cette sentence, on sort de l'anecdotique pour faire de l'événement une occasion d'élévation collective plutôt qu'un gouffre d'émotion sans utilité…

Avec lui la France reprend son souffle avant d'affronter les graves crises géopolitiques des années 70. Il met la France en base d'assaut[4]: moment d'inventaire et de préparation, de bilan et de respiration, de confiance mutuelle avant l'affrontement.

Le temps de ces secousses lui est vite volé par sa mort prématurée. L'intérim est pris avant de proches élections. Et le besoin d'une nouvelle vision, après cette étape utile de vie réelle, se fait sentir. C'est le créneau favorable aux idées folles.

- Giscard : expert expérimental

Giscard est une mécanique cérébrale. Les champs nouveaux, ça le connaît, version Einstein davantage que Napoléon. Il aime l'expérimentation. La politique est son laboratoire. La vision, pour lui, ce sont les idées neuves, l'audace créatrice, la continuité dans le renouvellement tous azimuts.

Succéder à Pompidou, face à un Chaban-Delmas répliquant le passé, c'est pour lui du pain béni. Il donne

---

[4] Zone abritée à proximité de l'objectif où une unité se prépare à monter à l'assaut.

un débouché endimanché aux promesses pliées de Mai 68. Il vole le « Progrès » à la gauche en l'habillant d'honorabilité.

Giscard est l'anti-Pompidou : il n'écoute pas le réel pour décider ensuite et calmement de ce qui s'impose à lui, il fait entrer le réel dans les cases de sa pensée structurée et le soumet à ses idées. Il a l'enthousiasme des start-uppers trop confiants : qu'importe les signaux faibles puisque l'idée est bonne. Il y a là une énergie utile aux projets-clés mais dangereuse pour l'avancée complexe d'une population disparate et fragile.

Comme beaucoup de surdiplômés, Giscard a la velléité de croire que la puissance de sa pensée est plus forte que les énergies à sa disposition, plus efficiente que leur coalition. Il agit en expert, en planificateur.

Son mandat peut se résumer à ce moment crucial du débat télévisé de 1981 où il fait une leçon à Mitterrand sur des données chiffrées (et se fait vertement rembarrer). Sûr de sa mécanique intellectuelle, il ne prend conscience ni de l'enjeu du débat qui se fait, ni de la résonance de son positionnement rigide avec la France qui l'écoute. Un chef n'est pas d'abord un sachant, il est un animal d'écoute et d'instinct, un condensateur de contexte, un pilote de l'action et non un responsable de programme.

Giscard découvre à ses dépens qu'un Président n'est pas légitime par son niveau de connaissance mais par sa capacité à rendre l'action possible et pour cela donner envie.

- Mitterrand : Machiavel régnant

Donner envie ? Voilà qui, pour Mitterrand, n'est pas une science acquise mais un art consommé. Mitterrand sait où il va, c'est sa plus grande qualité. Partant de là, il sait comme instinctivement raccorder les énergies à son but. Comme ce n'est pas un but figé, il sait manœuvrer, reconsidérer l'enjeu, redéployer les dispositifs de manière appropriée.

Mitterrand est un chef, incontestablement. Ce qui cloche chez lui, ce n'est pas le Wifi, c'est le logiciel : il sait se connecter à toutes les situations mais n'utilise pas toujours les procédés les plus recommandables. On pourrait dire en forçant le trait que s'il a pu être un « salaud », il n'a jamais été idiot. Cela changera.

Son logiciel ne manque pas de puissance. Il est même d'une rare et étonnante culture. Toutefois il est contrarié par trop de tensions contraires : Mitterrand est un homme de droite qui doit gouverner à gauche. Il tire des bords pour maintenir une cohérence précaire. Et s'enfonce dans le déni, les basses manœuvres et les coups bas quand ce n'est pas tenable. Machiavel entre chez lui dès la convocation du contexte politique dans lequel il s'est mis après-guerre : l'heure est alors à la quête nouvelle d'une honorabilité sur base de changement de régime. Il ne le quittera plus.

Pourtant s'exprime dans chacun de ses gestes une posture régnante. Le Prince de l'ouvrage éponyme du maître italien, me direz-vous ? La personnalité, surtout. Par-delà les variations politiques brusques et les rigidités idéologiques, il y a chez Mitterrand une continuité de discernement. Quand la cohabitation le prive de son bras droit opérationnel naturel, il consacre beaucoup d'énergie à la protection de son périmètre vis-à-vis de l'alternant mais plus encore à habiter un rôle dont le maintien de l'éclat et, si j'ose dire, la « continuité de présence » lui paraissent indispensables.

Au milieu des pires bousculades médiatiques, Mitterrand garde des fidélités et fait à l'opposé des concessions idéologiques notables, notamment en matière économique. Avec lui demeurent une conscience de l'Etat, une pérennité vivante de l'autorité. Il peut être détesté mais reste toujours néanmoins respecté.

- Chirac : girouette bonhomme

Jacques Chirac sacrifie le respect à l'affection. « Tout est permis pourvu qu'on m'aime » semble-t-il murmurer. Il fait entrer la Ve République dans l'ère émotionnelle dominante de nos sociétés contemporaines. Alliances et programmes sont des variables d'ajustement d'une conquête affective qui n'a pas de limites. La conviction est un outil marketing de vente, ni plus ni moins.

Les élections précédentes n'avaient pas brillé par la parfaite loyauté des coalitions ni l'absence de langue de bois. La politique, partout, déforme le spectre du champ des convictions pourvu que la récolte soit large. Mais il y avait quand même, au travers de ses flibusteries, une démarche construite, une recherche, un idéal fût-il rigide ou exalté.

Chirac est la première incarnation de cette vie politique qui n'est plus que vente. Et la première illustration de l'avènement au pouvoir de personnalités correspondantes. Pompidou et Mitterrand étaient des chefs, de Gaulle un penseur, Giscard un expert. Chirac est un vendeur. « Qu'importe le produit pourvu que quelqu'un signe » pourrait-on lui faire dire. Il est l'homme des retournements successifs. Les deux extrêmes l'ont vu passer, le centre aussi. Il parle le langage du lien, pas le langage de l'action. C'est un vivant, un viveur, quelqu'un avec lequel on se sent bien. C'est un compagnon de passage, le visiteur qui nous fait passer une bonne soirée. C'est au petit matin que la désillusion commence : certains sont cocus, d'autres floués. Le service après-vente de l'action n'est pas assuré : il s'agissait de convaincre, pas de délivrer.

Les événements ne s'offrent pas à Chirac comme l'occasion d'une réaction, d'un réajustement, d'une décision. Ils appellent en lui une vente nouvelle.

L'une des plus grandes erreurs de ses mandats sera en 1996 la fin du service national ou comment plaire aux générations immédiates en déstructurant irrémédiablement les futures.

Chirac est une sorte de « Patrick Sébastien » politique. On a renoncé à trouver en sa compagnie cohérence et élévation de vue : on se contente de sa bonhomie, le problème étant que la politique n'est pas une entreprise de divertissement.

- Sarkozy : chef de bande adolescent

Sarkozy c'est Chirac avec la culture en moins et le café en plus. On passe d'Hermès à Xerox. La vente reste le ressort, mais le processus change. On ne fait même plus semblant d'être un monarque, on cherche à le ringardiser. On déplace les meubles Louis XVI pour du tendance tout confort. C'est « Mon Oncle » de Tati à l'Elysée : cascade électrique versus grandes eaux de Versailles, Rolex plutôt que chasses présidentielles. Il y a de l'énergie mais pas de souffle, de l'action sans direction. On s'agite, on en fait des tonnes, on remplit chaque jour un CRM[5] d'actions

[5] Customer Relationship Management : outil informatique de suivi de l'activité commerciale.

visibles. Sarkozy a la fièvre du résultat et de l'apparence des parvenus.

Le besoin d'être aimé est chez Sarkozy quasi pathologique. C'est un chef de bande en quête éperdue de reconnaissance et d'allégeance. Sa dynamique est centripète. Chez de Gaulle, le ticket d'entrée au club des intimes était l'adhésion inconditionnelle aux idées ; chez Sarkozy c'est la déclaration d'amour.

Une bande vit pour elle-même. Elle a besoin de ses propres rites pour se sentir exister. Elle se nourrit de la logique d'appartenance. Elle s'auto-célèbre, s'auto-entretient. Elle ne s'alimente pas aux variations universelles d'une population : elle puise à sa logique propre. Le chef de bande est tôt ou tard esclave de sa bande, car il lui a appris à vivre pour elle par priorité sur tout le reste. Les talents indépendants fuient cette logique : ils y sentent le manque de discernement et de maturité.

Le candidat Sarkozy a dissous son énergie dans le besoin débridé de faire ses preuves auprès d'une élite hétéroclite qui ne vivait que pour elle-même. Il a glissé du peuple au « people ». Et le peuple a cessé de se reconnaître en lui. Ses efforts ont glissé du projet politique à l'auto-preuve, comme on cesse d'enseigner la richesse d'un auteur pour n'en citer que les poèmes qui plairont aux filles.

- Hollande : Tartarin en campagne

S'il fallait faire une démonstration que le règne émotionnel a pris le pas sur toute logique opérationnelle on ne pourrait mieux l'illustrer qu'avec l'accession au pouvoir de François Hollande. Faut-il que le pays soit dépourvu à ce point de tribuns, meneurs ou aventuriers qu'un mouvement de masse aille choisir pour le représenter -pardonnez la violence du trait- un animateur de « conférence call », médiateur de petite séance et héros de club de boules ? L'homme est intelligent : il a la pirouette facile et le sens des combinaisons. C'est un pur politique, compositeur patenté d'alliances et de motions. Mais, sincèrement, quelle est en cela la part du génie, du charisme, du leadership ?

Le village socialiste est tellement usé de verbiages éculés, de propositions vaines, de rêves indigestes qu'il va chercher en cuisine un tambouilleur de mots, plus Père Dodu que Bernard Loiseau. On est à la cantine. Ça braille et ça rouspète, ça tambourine sur la table et ça cliquette dans les assiettes et, faute d'un chef de salle à la hauteur, on laisse intervenir le cuistot de l'étape avec son air affable et ses blagues faciles. On se dit que le tapage va passer. On assiste, impuissant, au défilé des amuseurs publics. Les assiettes volent, les intrus aussi. On nomme un amuseur méchant pour mettre de l'ordre en criant, Jo Dalton précisément : le voilà toutes cordes vocales dehors contre un amuseur dérivant. Mais les cris étrangement ne l'arrêtent pas plus que le flot entrant des malfaisants. Le régime des cuisines baisse, les gens ont faim, les cuisiniers s'en vont, le pillage menace mais tout va bien répète, inlassablement, le grand chef de la blague et de l'ambiance.

François Hollande n'en est plus à vendre des convictions, il vend des compromis. On a tellement dérivé de la vision de l'action que l'on est, au-delà même des événements, dans la négociation des mots du communiqué de presse. C'est comme si la vie politique n'existait plus en dehors des plateaux de télévision.

Le Président a un jouet, son armée. Celle-ci obtient avec lui plus de missions qu'elle n'en a eues depuis longtemps et se consume quelque peu aussi à colmater les brèches intérieures. François Tartarin passe ainsi du récit de cuite au semblant d'épopée. Mais quelle est la récolte ? A-t-il jamais saisi qu'une action non coordonnée (guerre extérieure, combat intérieur) ne peut déboucher ? Qu'il n'y a pas de victoire sans vision ? Pas de gloire sans implication ? Pas de progrès sans conduite des opérations ?

L'anti-sarkosysme n'a pas déclenché un sursaut de hauteur et d'autorité mais une dilution collective dans la pusillanimité. Hollande veut contenter tout le monde. Il est à la phase ultime de l'adaptation du vendeur à sa clientèle : « Je suis comme vous, normal ». Il amène le peuple à voter pour lui-même, comme si la solution à l'absence de vue était un miroir. La structure hiérarchique est écrasée, sans recul. Le Président réagit aux événements nationaux comme s'il était accoudé au comptoir du coin, face à la télé et le verre à la main.

Léonarda[6] et sa famille font un scandale national, alors que leur cas est légalement réglé ? Eh bien François le Normal se fait dans la minute directeur d'école et collectif de soutien. Il est sur le trottoir et dans les réunions du soir à écouter les uns et les autres. Et le voilà délivrant la décision du siècle, comme on départage deux bandes de collégiens : « Les parents restent au Kosovo, Léonarda peut revenir »… Tout François Hollande est dans cette décision : la synthèse plutôt que le bon sens, le calcul plutôt que le discernement, le candidat plutôt que le Président. La campagne, pour lui, n'a jamais laissé place au mandat…

---

[6] L'affaire Léonarda, du nom de cette jeune fille kosovare (Léonarda Dibrani) interpellée en octobre 2013 pour être expulsée avec sa famille suite à un refus d'autorisation de séjour, a déchainé les passions. L'ensemble des enquêtes menées sur le sujet montreront que cette famille (notamment le père) a multiplié des mensonges, les délits et les irrégularités et que la procédure d'expulsion ne comporte, quant à elle, aucune faute. Du Kosovo père et fille envoient des messages de provocation vis-à-vis de la France. François Hollande décide alors une intervention télévisée (19 octobre) pour proposer sa solution de « compromis » : « *Si elle [Léonarda] le demande, un accueil lui sera réservé, et à elle seule* ».

- **Chapitre 3 -** Le point de non-retour ?

Le trait est forcé, vous le sentez bien, mais suis-je si loin de la réalité ? Il y a en France une vraie désespérance politique et sa forme première est l'abandon progressif d'une confiance possible dans les hommes politiques. Le refuge débridé dans toutes les formes de gouvernance collaborative, l'investissement massif dans les réseaux sociaux, les initiatives communautaires, les plates-formes de projet, la recherche d'autarcie alimentaire ne sont-ils qu'un état du progrès ? Ou plutôt un signe des temps ? Ils seraient anecdotiques s'ils ne coexistaient pas avec le retour d'une barbarie tout aussi débridée.

L'Histoire est facétieuse : elle nous fait croire modernes et révolutionnaires alors que nous ne faisons en somme que la répéter. Non qu'il n'y ait d'encre nouvelle et de territoires vierges mais que le non-respect des règles qui la façonnent emmène toujours au même résultat. Nous sommes en plein dans la décadence de Rome : raffinement suprême, avachissement de la volonté et des mœurs, barbares menaçants, crédulité entêtée… Danger imminent !

« Il n'y a pas de mauvais soldats, il n'y a que des mauvais chefs. » Cette phrase bien connue des militaires est tout particulièrement d'actualité. Ce n'est pas de talents dont nous manquons, mais de dirigeants, pas de potentiel mais de direction. Les forces vives ont besoin d'être canalisées : si elles n'ont pas de lit pour libérer leur force, elles débordent, se perdent ou dévastent tout sur leur passage. Le bassin de rétention de la colère est plein. Soit on lui trouve un débouché, soit on court à l'implosion.

TITRE 2 - ANALYSE

La dictature des communicants

Je vous l'avais annoncé au début de ces pages : quand la désignation ne se fait pas d'abord sur la capacité d'un chef à porter une vision mais sur son aptitude à plaire et que n'existe plus le contrat moral élémentaire qui veut qu'un mandat soit honoré avant de vouloir être renouvelé, la politique glisse irrésistiblement dans un combat d'images et de mots dont le seul objectif est l'illusionnisme.

Montesquieu le disait en son temps : pas de démocratie sans vertu. Mon idée n'est pas de faire ici une analyse de l'état moral de la société : d'autres l'ont fait et le feront mieux que moi. Mon sujet est de prendre la mesure et de chercher à comprendre toutes les logiques de fonctionnement actuelles qui conduisent à l'installation et à l'aggravation de cet état de fait. Là encore ma posture sera différente de celle qui consiste à dire les comportements à suivre ou à proscrire ; avant la « grâce » il y a la « nature », et la nature en l'occurrence ce sont les personnalités.

Notre système est en tout point dépourvu de chefs : il en écarte la venue, en étouffe la possibilité, en dénature la présence, en oublie l'utilité. La réalité est en train de prendre sa revanche.

- **Chapitre 1** - La logique des partis

Il est urgent de relire sur le sujet la lumineuse note qu'avait écrite en son temps Simone Weil, la philosophe, sur « la suppression générale des partis politiques »[7].

Les partis sont un organe d'accession au pouvoir et non d'exercice du pouvoir. Ils ne sont pas dès le départ destinés à coller avec nuance à un besoin disparate et complexe, pas plus qu'ils ne sont configurés pour s'articuler avec d'autres forces en présence pour la poursuite du bien commun. Les partis sont des machines à convaincre et convaincre, dans notre monde saturé d'information, c'est dégager des lignes nettes et caricaturales pour susciter l'adhésion. La pensée politique s'en retrouve irrémédiablement appauvrie et l'intelligence de l'action qui devrait être son unique objet glisse tout à fait dans l'intelligence du discours.

Pour sauvegarder ses lignes de force fragiles, il faut à tout prix se démarquer des autres partis et pour cela diaboliser autant que possible l'adversaire. Cela ouvre bien sûr une absence de coopération mais, pire, cela amène à mettre hors-jeu toute une série d'idées de bon sens voire de

---

[7] Simone Weil, *Note sur la suppression générale des partis politiques*, Climats, 2006, 91 pages.

consensus pour éviter de donner du crédit aux partis opposés.

Ce qui vaut pour les idées vaut aussi pour les hommes. Des talents sont gâchés pour des raisons d'étiquette et le jeu des alliances fait régulièrement préférer des incompétents de la bonne couleur aux compétents de la mauvaise. On assiste en outre à une hystérisation des rapports entre personnes tout comme on a pu assister, dans les guerres modernes, à la volonté d'anéantissement des peuples ennemis (là où les conflits d'Ancien Régime, au-delà bien sûr d'un certain nombre d'exactions propres à la guerre, cherchaient à régler par les armes un différent et non pas à détruire l'adversaire).

La logique intrinsèque du parti, calibré pour sa survie, obsédé par sa singularité, son démarquage avec les autres, son mot à dire sur toute chose pour être visible, a sans surprise généré une population politique correspondante et fait affluer les vendeurs. Émerger aujourd'hui d'un parti politique, c'est être en quelque sorte le meilleur commercial et, pour dire les choses un peu durement, être celui qui a résisté aux mauvais coups de la course à la vente (ou en a donné le plus). Les chefs naturels n'ont pas leur place dans cette course : leur nature est d'être introvertis, à l'écoute du contexte et en position de discernement (donc sur des positions équilibrées, au carrefour d'autres influences et variables quant à la doctrine car le propre de la vie opérationnelle est d'être en perpétuel changement).

- **Chapitre 2** - Tyrannie du court-terme

À la mécanique de vente inscrite dans le génome des partis politiques s'ajoute un phénomène ravageur de société : l'obsession tyrannique du court terme. L'accélération du progrès technique, les possibilités incroyables offertes à bout de clic au moindre citoyen, la mondialisation des échanges, la culture du zapping, la rapidité des flux ont concouru à faire de l'instant le prince incontesté de nos journées et de nos vies. Qui se tait est dépassé. Qui ne réagit pas, disparaît. Qui réfléchit, ennuie. Ce sont du moins les croyances enracinées dans le bourdonnement médiatique.

Le réel, quant à lui, continue sa petite vie. Il souligne l'ineptie, la fragilité, l'incroyable précarité de ce mode de vie quasi hystérique. Discerner c'est écouter, laisser au temps son règne d'évidence, nous verrons comment. Nous sommes passés des silences de cour aux vociférations des marchés de basse ville. Nous ne voyons pas plus loin que le poulet de plus à vendre au détriment du concurrent. Comment, dans cette course à l'échalote, parvenir à donner de la hauteur sans relâcher la pression de la criée ?

Je me demande parfois jusqu'à quel point nos dirigeants sont conscients du pouvoir incroyable qu'ils donnent aux médias. Sont-ils à ce point soumis aux règles émotionnelles qu'ils y donnent un gage à chaque événement ? Est-ce une complicité, une lâcheté, une ignorance ?

Toujours est-il qu'il semble aujourd'hui admis par la quasi-totalité du personnel politique qu'il n'est pas possible de diriger sans communiquer à chaque instant sur chaque événement, chaque incident, chaque bruissement dans le paysage médiatique.

Un incendie fait 13 morts lors d'un anniversaire de jeunes gens à Rouen ? Dans l'heure le Président se prononce, fait part de sa peine, annonce que les responsabilités seront établies. Bien sûr ce drame est horrible et mérite toute la compassion du monde. Mais est-il de portée nationale ? Y-a-t-il un devoir émotionnel de communication face à l'ensemble des événements qui touchent la France ou un devoir d'action ? En l'occurrence l'action du gouvernement est-elle impliquée ? Non. Y-a-t-il d'autres sujets prioritaires à traiter ? Oui.

Un prêtre, Jacques Hamel, se fait égorger à 86 ans dans une église : y-a-t-il portée nationale ? Oui, car il y a là manifestation d'une nouvelle forme de menace qui peut surgir de partout. Quelle est la priorité ? Empêcher des actes similaires, protéger les citoyens de ce type d'actes isolés. Cela se fait-il dans la demi-heure ? Non (se référer du coup au temps perdu à commenter les événements de second ordre). Faut-il marquer le coup ? Oui. Pourquoi ? Parce qu'un seuil a été franchi (Pour le percevoir il faut se taire et écouter le contexte). Comment ? C'est là que la rareté des interventions d'un chef peut avoir toute sa portée. Il s'agit de frapper fort, significativement, et se servir de l'événement pour effectuer l'inflexion nécessaire.

Distinguer l'un de l'autre demande une écoute qui se détache du flux quotidien de l'information et passe 80 % de son temps à agir et 20 % à communiquer. Le filtre entre les deux ? Le discernement…

Lors d'un combat, le rôle du capitaine est-il de secourir et de consoler chaque blessé ou de conduire la manœuvre ? S'il cesse de commander, les blessés et les morts vont significativement augmenter : il aura de quoi s'occuper mais pour quelle utilité ? Quelle responsabilité ! Il aura généré par son incompétence et la désertion de sa place les blessés dont il se fait pourtant le soignant attendri…

C'est ce que nous vivons en France. Que les services du Président envoient des messages de compassion c'est une chose, quoique ce ne soit obligatoire en chaque occasion. Cela peut rentrer dans un certain devoir de présence, sans instrumentalisation. Mais l'obsession d'un gouvernant ne peut pas ne pas être d'abord une fatigue mentale, quotidienne, permanente de la recherche et de l'anticipation des conditions de l'action.

Pour prendre l'ascendant dans la manœuvre il faut de l'élan et pour avoir de l'élan il faut du recul. La tyrannie du court terme nous fait coller à ce point à l'événement qu'il nous englue dans l'escarmouche et nous rend vulnérables, avec une complicité coupable des professionnels médiatiques de l'émotion, à tous ceux qui cherchent à atteindre notre moral et la solidité de nos structures de vigilance.

○ **Chapitre 3** - Tartarins et botanistes

Si l'on compare la vie politique à une jungle, nous pouvons dire qu'elle est aujourd'hui pilotée par une alliance improbable de Tartarins[8] et de botanistes. La grande majorité du personnel politique, en tendance comme en volume, se compose de vendeurs. Le débat public est saturé de déclarations conquérantes, d'incantations guerrières, de course à l'auto-mise en valeur. C'est à qui promettra le plus que le suffrage semble acquis. Pire, par une loi d'amnésie qui mériterait une étude en tant que telle, un flot d'anciens exerçants du pouvoir, pris pourtant en flagrant délit d'échec, viennent revendre de l'aventure frelatée en misant sur une majoritaire crédulité. C'est Jean-Claude Duss des « Bronzés font du ski » accédant à la politique : « Oublie que t'as aucune chance, fonce, sur un malentendu ça peut marcher... ».

Les difficultés commencent sans surprise dès l'élection gagnée. Le problème de Tartarin, comme Brice de Nice, c'est qu'ils sont des héros de cocktails et de veillées festives autour de la cheminée. Quand l'aventure, la vraie, commence, il n'y a plus personne. Ce sont des narrateurs professionnels, pas des aventuriers. D'ailleurs les vrais aventuriers ne se seraient pas commis à une telle auto-vente. Beaucoup plus accaparés par l'aventure nouvelle qu'ils préparent dans leur tête, ils auraient lâché

---

[8] Tartarin de Tarascon, (anti)héros d'une série de romans d'Alphonse Daudet est la caricature du chasseur beau parleur dont le courage s'évanouit au contact du danger.

difficilement quelques bribes sur celles qu'ils ont traversées. Ils savent trop combien l'imprévu, la fragilité, l'aridité des situations à venir poussent à l'humilité.

Mais ce n'est pas vers les aventuriers que les Tartarins se tournent. Ils raisonnent de travers et vont aller naturellement vers leurs extrêmes opposés : besoin de compensation ? Ce sont les experts absolus qu'ils vont aller chercher, ceux qui produisent sur commande et sans discernement. Il y a une jungle à traverser ? « Rien de plus simple », disent-ils, « entourons-nous donc de botanistes : leur connaissance des espèces dans cet univers nous permettra d'avoir l'action appropriée ». Raisonnement de commercial passant technico-commercial. Le problème, en effet, c'est qu'à l'heure où un serpent vous tombe dessus le sujet n'est pas de connaître son cycle de reproduction et les variétés d'écailles que son espèce possède mais savoir comment rapidement le neutraliser. Cela demande une écoute de l'environnement pour le détecter, une rapidité de décision pour proportionner l'action au danger (qui peut être de plusieurs ordres), une qualité enfin d'exécution pour que la décision soit traduite dans les faits.

Sauf exception, le botaniste risque de faire tout l'inverse. Il va d'abord surcharger le sac d'anti-poisons et de livres pour être à l'unisson de son niveau de connaissances et se conformer au principe de précaution (peur planificatrice du danger pour qui ne sait pas décider en situation). Il va ensuite être sur le mauvais sujet face au danger, cherchant à le qualifier et non pas à le résoudre. Il va enfin se perdre dans la masse de ses connaissances et manquer très certainement de bon sens et de réactivité. C'est tout simplement, tout autant que le Tartarin, une erreur de casting face à l'action. Les sacs trop chargés vont alourdir l'équipe dès le début, l'épuiser et nuire à sa mobilité. La gestion de l'aléa par les Tartarins et les botanistes coalisés sera très vraisemblablement calamiteuse et, quoique que puissent être les changements à la tête de la colonne, sans évolution favorable. Tiens, j'ai l'impression de parler de la France, non ?

La France a grand besoin de changer de personnel politique à sa tête. Tant que se succèderont les vendeurs de programmes (Tartarins) et les législateurs hors-sol (botanistes), aucune croissance politique durable ne sera possible. Le temps des aventuriers, c'est-à-dire des chefs naturels, est venu.

TITRE 3 – CONTREPOINT

C’est quoi un chef ?

À l'échelle de la méta-Histoire, si on prend un tout petit peu de recul sur ce qu'a vécu la France depuis 200 ans, on peut dire qu'elle peine encore à trouver un régime stable depuis qu'elle a coupé la tête de son roi. Et comment s'étonner que la définition du rôle et de la personnalité présidentielle soit encore en tâtonnement quand elle succède à une incarnation dynastique de treize siècles dont elle a voulu s'affranchir ?

Sans revenir aux débats sur les régimes, quoiqu'ils ne cessent vraiment de quitter les esprits, le besoin essentiel de notre vie politique est de pouvoir parvenir à la vision claire du type de personnalité dont elle a besoin pour conduire le pays. Au-delà du mode de désignation, il s'agit de considérer ce qui, au travers des rois comme des Présidents que nous avons connus, a pu permettre une évolution significative et positive des conditions de vie collective.

L'Histoire est tragique mais il revient aux décideurs-clés d'en atténuer la charge et d'en faire tendre les ferments vers une amélioration de tendance. La question est non seulement d'arriver à comprendre quel type de personnalité a su transformer l'imprévu et la contrariété en progrès, voire en victoire, mais de s'attacher aussi à réfléchir à tout ce qui permet l'installation dans la durée des phénomènes porteurs. L'épopée capétienne nous a montré qu'en dépit des aléas des siècles une tendance de fond avait pu résister à l'usure du temps et qu'il avait été possible de construire bon an mal an une amélioration continue. Ce même système a pu s'effondrer, laissant derrière un certain nombre d'expérimentations. Tentons de tirer de l'une comme des autres la substantifique moelle.

- **Chapitre 1** - Redéfinir le leadership : tourbillon ou connexion ?

Le mot leader, dans la vie politique comme dans la vie économique, est sur toutes les bouches. Il semble à la fois être la posture magique face aux rigidités associées au mot manager et la désignation suprême de tous ceux qui prétendent avoir une action d'influence sur la société. Fleurissent même toute une série de formations du type « réveillez votre potentiel de leader », « atteignez le leadership authentique », etc.

C'est quoi un leader ? À lire le Larousse dans sa définition la plus favorable : *« Personne qui, à l'intérieur d'un groupe, prend la plupart des initiatives, mène les autres membres du groupe, détient le commandement. »*

Mais, quand on y réfléchit bien, comment est-il possible de prétendre entraîner du monde derrière soi si on ne sait pas où l'on va ? Fidèle à sa vision du culte de l'émotion et de l'échange, notre monde médiatique a célébré et continue de promouvoir tous ceux qui ont la capacité à mobiliser du monde, fut-ce pour des inanités et quitte à amener un égarement collectif. Si l'on suit cette pure logique, Hanouna, Zahia ou Nabilla sont les leaders de demain. Ah, c'est sûr, ils savent éveiller, en positif comme en négatif, l'implication de masse. C'est sur du futile, c'est bien le problème, mais il y a pire encore : l'unique enjeu de la mobilisation qu'ils déclenchent est d'attirer de l'intérêt sur leur personne, même quand de prétendues causes supérieures leur servent de cache-sexe. Sommes-nous si loin de la posture de nos hommes politiques du moment ?

Le leadership est irrémédiablement la combinaison de deux choses : savoir entraîner derrière soi ET conduire au bon endroit. À tout prendre, une seule chose est nécessaire et conditionne le tout : avoir en soi la connexion au contexte qui permet de connaître la direction.

Nous pouvons évaluer la qualité et à vrai dire la validité d'un leadership à son mouvement fondamental : un leadership artificiel est centripète, il est au service d'une personne sans connexion réelle à la cause, il s'effondre au départ de la personne sur laquelle il a été créé (cf. Fig 1).

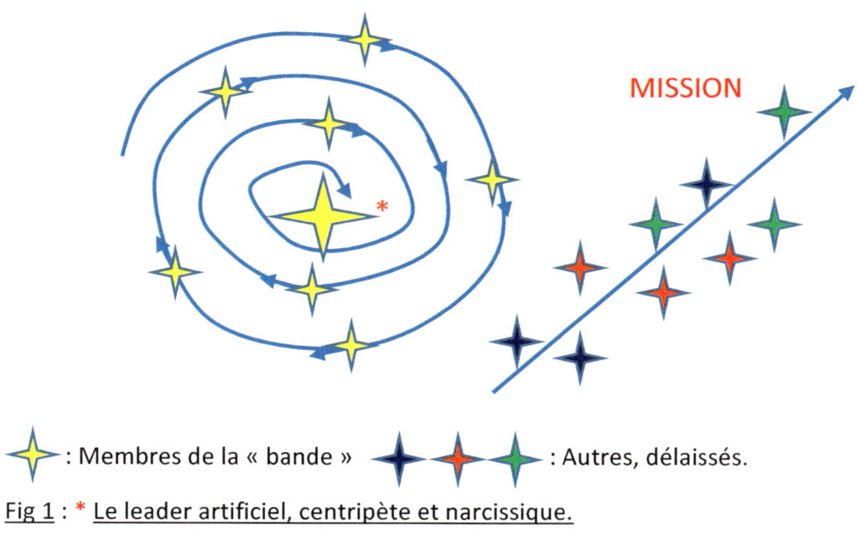

Fig 1 : * Le leader artificiel, centripète et narcissique.

Parce qu'il se calibre sur le seul rapport d'échange voire d'intensité émotionnelle avec le leader, le leadership centripète est structurellement clivant : soit on fait partie de la « bande », soit on n'en fait pas partie, c'est aussi simple que cela. La légitimité d'appartenance ne repose que sur la qualité du lien que le nouvel entrant crée avec le leader.

Un leadership véritable et durable est centrifuge, il met en mouvement et articule l'énergie des personnes autour et au rythme de la mission, il est transmissible et perdure au-delà de celui qui l'a amorcé (cf. Fig 2).

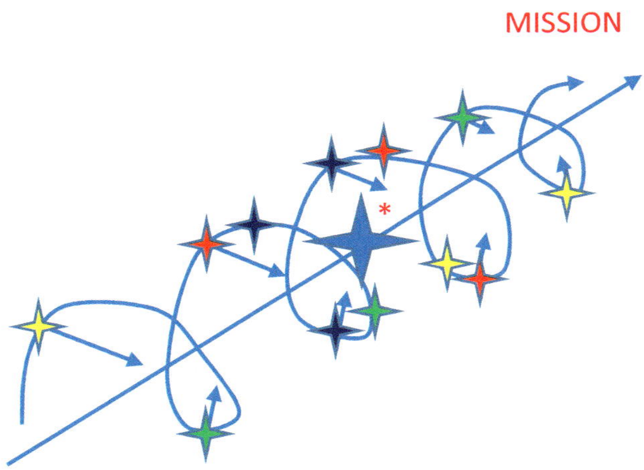

 : Equipe unie et opérationnelle.

Fig 2 : * Le leader véritable, centrifuge autour de la mission.

Le leadership centrifuge fait reposer le principe d'appartenance à la contribution que le nouvel entrant apporte à la mission. Il y a là une logique de construction opérationnelle qui transcende les liens affectifs et un esprit de conduite quotidienne des opérations qui est confortable avec la faiblesse voire l'absence momentanée de vie émotionnelle pourvue que la mission soit réalisée.

Le leader centrifuge est l'homme de tout le monde car sa légitimité vient de sa capacité de coller à la mission et d'y embarquer chacun. Le jour où il doit transmettre les commandes, il a su créer un niveau d'autonomie et de professionnalisme tel qu'il permet à son successeur de prendre la main presque immédiatement. Un leader qui entretient le sentiment de regret suite à son passage est au mieux un romantique au pire un danger : il pense à lui, pas à la mission. Un leader se fait aimer parce qu'il emmène au but et pas l'inverse. Il s'efface au profit de la mission.

Il y a dans la recherche prioritaire de l'accomplissement de la mission une dimension morale mais bien avant une dimension fonctionnelle : le discernement opérationnel ne s'improvise pas, il résulte, comme j'ai pu l'évoquer plus haut, d'une posture naturelle d'écoute du contexte et de facilité de décision dont il est utile de comprendre la présence ou l'absence en fonction des personnalités.

- **Chapitre 2** - Inné et acquis

C'est ici qu'il est utile d'introduire une donnée fondamentale qui donnera à cet ouvrage sa portée originale. Notre monde prolixe, profus et orgueilleux a tout misé sur « l'acquis ». Nous vivons à la cadence de ces films américains où la bonne volonté décidée, le sursaut, l'envie soudaine ou le fantasme réalisé sont consacrés comme la réalisation absolue. Ils le sont dans l'instant, à mesure des secondes condensées d'une image ou d'un film à la musique poignante mais rarement dans la durée tenace et coriace de la vie.

L'effort, le dépassement, la persévérance sont des valeurs indispensables à la vie, à la croissance, au progrès collectif. Ils sont clés dans les phases de changement, de réadaptation, de sursaut, de survie. Ils sont spectaculaires mais sans lame de fond. Ils ne sauraient être érigés en postulat de vie durable. Je dis souvent à mes clients que je ne suis pas un « validateur de compétences » mais un « certificateur de durée ». Car c'est précisément de durée dont nous manquons, tellement notre obsession du court terme nous réduit aux images immédiates sans avenir ni portée.

Il est temps d'aller chercher au-delà des qualités acquises sur lesquelles tant d'ouvrages ont déjà été consacrés – à juste titre – la configuration profonde des êtres et donc la partie innée qui existe en chacun d'eux. Des réticences dès cette étape ? Entre nous, sincèrement, croyez-vous que même après des centaines d'heures de coaching François Hollande puisse devenir un chef ? Et Einstein ? Et Jean-Claude Trichet ?

Mon observation lors d'entretiens suivis de plus de 600 personnalités, sans compter les heures de vie partagée en tous types de contextes, climats, végétations avec des légionnaires, camarades et collaborateurs de toutes nationalités m'ont amené à un constat sans appel : si nous avons tous des atouts répartis, avec bien sûr des inégalités, sur l'ensemble du spectre des qualités humaines, nous avons pour autant des moteurs de personnalité clairement identifiables qui mettent en mouvement ces qualités dans un ordre et avec une expression radicalement différents.

Par conséquent, choisir ou élire quelqu'un, sur la seule liste de ses qualités déclarées sans comprendre son fonctionnement de personnalité (moteur) est un non-sens opérationnel. Cela revient à choisir une arme sur la liste de ses pièces sans la moindre vision de son utilisation opérationnelle.

- **Chapitre 3** - Prêtre, prophète ou roi ?

Je distingue trois pôles de qualités : les qualités relationnelles, cérébrales et managériales. Nous avons tous des qualités dans ces trois pôles. Le sujet n'est pas tant d'en faire la recension que d'en comprendre l'intrinsèque combinaison et pour tout dire, le moteur.

Il y a des gens pour lesquels la connaissance est prétexte à la relation (personnalité à moteur relationnel) : leurs compétences techniques, parfois considérables, se sont construites, organisées et densifiées à proportion et dans la perspective de l'échange. C'est le cas par exemple d'un commercial en gestion de patrimoine qui va acquérir pas à pas des pans entiers d'expertise à mesure que ses clients l'emmèneront sur les problématiques correspondantes ; mais ce sont bien ces enjeux nouveaux successifs qui l'amèneront à l'expertise et non pas le goût immodéré et continu de la connaissance.

À l'opposé un ingénieur patrimonial va être mis en mouvement quotidiennement par le désir autonome d'être un référent technique de plus en plus sophistiqué. Point ne lui est nécessaire d'avoir un enjeu commercial pour savoir. La première question technique risque même souvent de déclencher chez lui une avalanche de précisions non demandées mais qui lui permettront de faire la démonstration de l'étendue de ses connaissances. Pour lui la relation est prétexte à la connaissance (personnalité à moteur cérébral). Il cherche des cas à étudier, pas le volume ou la pérennité des clients. À tout prendre il préférerait étudier des cas dans son bureau plutôt que de passer son temps en clientèle avec des clients superficiels : tout l'inverse de notre commercial.

Reste une troisième catégorie, que les analyses comportementales ont tendance à oublier, et dont le fonctionnement ne repose ni sur la quête de connaissances ni sur la quête de relations (personnalités à moteur managérial). Elle semble utiliser les unes comme les autres avec un dosage particulier et subtil, variable et sans logique apparente. C'est qu'il existe en trame de fond un travail en profondeur d'écoute continue et d'enregistrement qualifié des éléments de contexte en rapport à une mission donnée : ce travail a un nom, le *discernement opérationnel*, et une portée pratique quotidienne, l'intelligence de la mission.

Le chef naturel ne produit pas des expertises ou des idées qu'il cherche à tout prix à caser dans un réel plus ou moins approprié ; il ne cherche pas davantage une richesse d'interactions autour d'un cadre opérationnel plus ou moins figé ou arrangé en fonction des besoins d'échange ; il est tout au contraire un producteur mince d'un produit extrêmement dense : la décision.

La décision n'est ni un réflexe ni un mal nécessaire mais un message opérationnel à donner à chaque moment clé ; c'est un message exécutable, c'est-à-dire qu'il doit permettre l'action dans un contexte et avec des moyens donnés, sur des tendances sans cesse en mouvement.

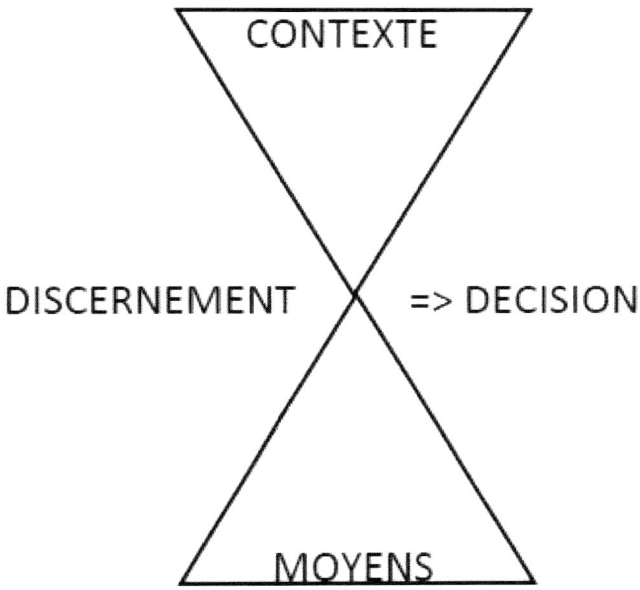

Le chef est l'homme de « l'autant que, pas plus que » : il a une « intelligence à ressort », capable d'être naturellement en prise avec des tensions contradictoires et des manques incessants. Rien n'est stable chez lui que la posture, dont l'objet est de transformer l'incertitude en possibilité, l'imprévu en rebond, le chaos en action.

Si l'on prend une image biblique simple et connue de tous, nous pouvons dire que, si nous sommes tous « prêtres, prophètes et rois », il y a bien néanmoins des « prêtres », des « prophètes » et des « rois » et l'Histoire a montré qu'ils étaient rarement interchangeables.

Le « prêtre » (moteur relationnel) se nourrit des relations et produit du lien, qu'il soit un « gentil » (qui devient vite méchant) ou un « chef de bande ». Exemples : Chirac, Sarkozy, Hollande mais aussi Bayrou, Valls, Bachelot, Montebourg, Taubira, Vallaud-Belkacem, Jean-Marie et Marine Le Pen, Wauquiez, Laurent, Duflot... Utilisé comme « roi » il cherche par mille façons à retrouver ce avec quoi il est à l'aise : l'échange et le débat. Il ajuste le cadre opérationnel pour qu'il corresponde à sa zone de confort. Il n'a pas la vision de l'action mais celle de l'interaction. Un exemple d'apothéose ? Quand de toutes parts, en pleine crise du chômage et de l'insécurité, la population française demande à François Hollande : « Où va-t-on ? », il répond en organisant un dîner avec Lucette[9], comme s'il nous murmurait : « Regardez, je suis sympa ».

Le « prophète » (moteur cérébral) se nourrit de données pour produire un contenu (idées, conseils, systèmes techniques, opérationnels ou pédagogiques). Exemples :

---

[9] En octobre 2015, à l'approche des élections régionales, François Hollande organise un dîner « improvisé » (tout y est de fait préparé dans les moindres détails) chez Lucette, une infirmière retraitée de Vandœuvre-lès-Nancy.

de Gaulle, Giscard mais aussi Juppé, Mélenchon, NKM, Macron, Mariton, Le Maire… Il a tendance à considérer que parce que ses idées ou son système sont bons ils vont forcément marcher. Il considère le dialogue comme le canal d'approvisionnement et de diffusion de sa pensée, pas comme une science vivante, partielle et évolutive de sa perception du contexte. D'où la fréquente déconnexion de sa matrice opérationnelle d'avec la réalité et les impératifs du terrain.

Le « roi » (moteur managérial) se nourrit des contextes pour produire du discernement et donc de la décision. Certains sont en impulsion comme Napoléon, Pompidou, Mitterrand ou encore Marion Maréchal Le Pen (peu d'exemples aujourd'hui), d'autres sont en réaction et en complément de l'impulsion comme un Mac Mahon ou un Bigeard, et aujourd'hui François Fillon (peu d'exemples là aussi). La première catégorie colle mieux aux Présidents, la deuxième aux premiers ministres. Du moins chacune de ces catégories possède-t-elle face aux événements une capacité d'appréciation et une vision de l'action dans le temps qui manque aux autres moteurs de personnalités.

- **Chapitre 4** - Le discernement, antichambre de la décision.

Louis XIV disait : « Gouverner, c'est laisser agir la facilité du bon sens ». Notre quintessence du monarque peut difficilement mieux décrire ce à quoi revient un processus de décision. Il n'y a pas dans cette phrase la moindre trace d'effort mental, de savoir, de raisonnement et encore moins de calcul. Écouter cette phrase, c'est prendre la mesure de l'écart abyssal qui existe entre la pratique actuelle du pouvoir et la réalité de ce qui donne corps, pertinence et débouché au travail décisionnel.

Discerner, c'est pratiquer une écoute qualifiée jusqu'à l'évidence. C'est laisser le réel opérationnel s'imposer à nos esprits. C'est donc, au risque d'être lourd et redondant, 95 % d'écoute.

Le métier de chef consiste donc essentiellement à se taire pour percevoir les signaux faibles, à se mettre en recul des événements et des agitations quotidiennes pour percevoir le mouvement des profondeurs qui se dessine derrière leur écume. C'est une écoute constante et surtout large, à 360° car c'est une écoute de contexte. Écouter les personnes seulement, comme on tient un stand de doléances, c'est faire œuvre de consensus ou de soins. Écouter le contexte, c'est voir le fil de l'action, c'est vouloir la victoire du groupe davantage que son consensus : ça tombe bien, un chef n'est pas payé pour amener ses collaborateurs à être d'accord avec lui mais pour créer les conditions afin qu'ils le soient dans l'action.

Lorsque j'évalue le profil de personnalité d'un client, je m'amuse à calculer le temps qu'il lui faut entre la question posée sur une alternative et la décision prise. Beaucoup répondent avec la vitesse de l'éclair, convaincus que leur précipitation sera le signe de leur facilité de décision. C'est oublier que le discernement demande un temps suspendu minimum, ce temps d'écoute intérieure qui soupèse et parcourt le contexte avant d'orienter l'action vers une direction sue et assumée.

Ceux qui répondent sans réfléchir ne font qu'un aller-retour immédiat avec leurs certitudes. Ils ont le réflexe des premiers de la classe, certains que leur cerveau recèle la clé des problèmes à venir alors que son devoir lui impose au contraire d'absorber des éléments nouveaux pour faire évoluer le connu vers le possible, l'idéal vers le faisable, le théorique vers le pratique. Ils ont sinon le détestable mécanisme de tous les narcissiques structurels qui calent leurs décisions sur les lois implacables de leurs besoins. Ceux-ci donnent l'impression d'être sûr de leur marche : ils en ont de fait une vision simplissime et légère, celle qui ne dépasse pas du cadre de leurs envies intempestives, celle qui ne s'embarrasse pas des messages du contexte et du besoin des autres.

D'autres sont au contraire extrêmement lents : pour eux, décider c'est prendre en compte tous les contraires pour parvenir au consensus absolu. C'est le grand défaut des relationnels mais aussi les cérébraux « systèmes ». Ceux-ci sont obsédés par l'exhaustivité et sont par nature des assembleurs qui souffrent de toute forme de sacrifice : peut-on demander à un passionné de puzzle d'accepter une réalisation incomplète ?

La pensée relationnelle cherche par tâtonnement à raccorder les enjeux opérationnels à la recherche prioritaire de l'échange et du consensus majoritaire. La pensée cérébrale raisonne comme on construit un puzzle : elle part du cerveau, avec un ordre et une articulation précis, et souhaite que le réel lui corresponde au plus près, quitte à le violer parfois. Le discernement opérationnel (pensée managériale) est tout l'inverse : il part du terrain, se construit dans l'imperfection et ne cesse d'évoluer. Il ne cesse surtout de percevoir dans le fatras brouillon qu'est la vie des opérations ce qui émerge et demeure par son importance.

Les grandes écoles, qui nous donnent nos chefs, forment à l'analyse et au mieux à la synthèse. Nul souci du discernement, qui est pourtant la seule qualité qui permet de décider naturellement, durablement et... justement. L'analyse décortique au point de déformer parfois la réalité tangible, étrange pornographie de chirurgiens cherchant à voir au-delà de la peau. La synthèse contracte et pondère des informations hors contexte ; elle purge le cerveau, sans le connecter à l'environnement ; elle ne fait que désengorger la prise de décision au risque de lui réduire son champ de vision. Le discernement, à force de présence et d'écoute, saisit ce qui devient soudainement plus grave ou plus important que tout le reste et déclenche la décision.

Le plus bel exemple historique de discernement que je connaisse est celui de Jeanne d'Arc. Il est vrai qu'elle avait quelque aide céleste qui pouvait accélérer et élargir sa vision mais là n'est pas le sujet, voyons plutôt comment elle s'y prend en des temps extrêmement troublés. Je vous rappelle la situation : la défaite d'Azincourt, la guerre civile entre Armagnacs et Bourguignons, l'alliance de ces derniers avec les Anglais, la folie du roi Charles VI et les mauvaises manœuvres d'Isabeau de Bavière, son épouse, ont conjointement abouti au « honteux » traité de Troyes. Celui-ci institue Henri VI d'Angleterre, fils du roi Henri V et de Catherine, fille d'Isabeau et de Charles, héritier du royaume de France. Le dauphin Charles VII, renié par sa mère et que par dérision tout le monde appelle du sobriquet de « roi de Bourges » ne règne plus que sur un territoire très réduit et appauvri.

Un comité d'experts, s'il eût été nommé à cette époque, eût sans nul doute préconisé toute une série d'options militaires de reconquête et d'alliances politiques. Nous les imaginons sans problème défiler en doctes experts sur nos chaînes d'information. Les options existaient sans nul doute sur la table du roi. Croyez-vous que c'est dans leur liste que Jeanne viendra d'abord puiser ? Point du tout.

Jeanne ira tout droit au lieu de conjonction invisible de la crise, un lieu qui n'appartient à aucun calcul, étude ou raisonnement, qui est très éloigné même de leur synthèse et qui saute néanmoins aux yeux du discernement : la confiance en soi du roi. Le roi doute de sa légitimité, c'est la raison centrale de sa paralysie. Comment susciter l'adhésion si on n'arrive pas déjà à croire en soi ?

Vous connaissez l'histoire : Jeanne se rendra au château de Chinon où le roi pour l'éprouver se cachera parmi les courtisans. Guidée par ses voix, elle se fraiera un chemin jusqu'aux pieds du roi, avant de s'entretenir longuement avec lui et de lui révéler des paroles dont il avait besoin pour cesser de douter de lui. J'imagine nos experts d'aujourd'hui ricaner à l'idée de ce détail insignifiant à leurs yeux. Et pourtant ! Si par la suite il y aura bien sûr la prise d'Orléans (elle aussi passée au forceps), le sacre (accéléré), le chemin de gloire (puis d'épreuves) de Jeanne, et l'ensemble des reconquêtes de Charles VII devenu le « Victorieux », rien n'aurait pu se déclencher sans ce dénouement crucial de la volonté politique.

Nous ne sommes pas bien loin de la situation de Jeanne d'Arc à bien des égards. Et mon discernement de Français, de citoyen et d'expert de l'humain me dit que notre urgence est l'avènement au pouvoir de chefs naturels capables de conduire le pays au travers des difficultés.

TITRE 4 – SOLUTIONS

Faire advenir et durer les chefs naturels

Vous l'aurez compris au travers de mes lignes, l'urgence d'aujourd'hui se résume en une chose simple à comprendre mais difficile à mettre en œuvre : le renouvellement fondamental et quasi-complet de la classe politique. Nous nous retrouvons un peu dans la situation ubuesque des gouvernements successifs des généraux Tapioca et Alcazar, gonflés à tel point de colonels désignés par le lien affectif qu'il n'y a plus ni soldats pour aller combattre, ni chef pour manœuvrer.

Nous ne pourrons nous cacher longtemps derrière les programmes ou la bonne volonté déclarée pour avancer dans la reconquête du pouvoir et surtout de l'essence de son exercice. Il y a un moment où « l'immoralité est avant tout », comme dirait Napoléon, « de faire un métier que l'on ne sait pas ».

Les programmes portent en germe l'erreur cérébrale de « construire des paquebots dans des criques grecques » (bateaux parfaits qui ne peuvent juste pas... sortir du port). Les 1000 propositions d'un Le Maire par exemple sont une aberration opérationnelle : 80 % de la matière décisionnelle à venir, matière hautement connexe, variable et évolutive, dépend du contexte. Il faut pour aborder une séquence de pilotage des axes de travail et des principes de conduite mais d'abord et avant tout une capacité de transformation de l'inconnu en décision.

L'entêtement à faire ses preuves sur des programmes hors-sol et hors connexion a conduit à tous les excès idéologiques que l'on a connus ces dernières années (de manière paroxystique avec les totalitarismes mais avec déjà une violence certaine et des clivages lourds de conséquences dans nos propres démocraties) ; à chaque fois l'idée n'est pas de se connecter au bons sens inscrit dans l'espace-temps mais de faire passer à toute force la ligne promise par souci de vente, de conformité ou de rattrapage électoral.

Il est urgent de se reconstruire une élite dirigeante de chefs, issue des marées évidentes du bon sens et du courage sur les rivages de la vie réelle. Nous ne voulons plus de professionnels de la vente : chaque début de leur discours éveille en nous le souvenir douloureux d'une arnaque déjà vécue et le désagrément que provoque le timbre de la mauvaise foi. Nous ne voulons plus non plus de ces experts prétentieux qui croient que l'exactitude des livres est plus précieuse que les éclats changeants de la vie opérationnelle. Nous voulons des patrons d'aventure, capable de se taire pour écouter, décider dans l'incertitude et avancer sans rigidité.

- **Chapitre 1** - Vivier, sélection, communauté de mission.

La première condition du renouvellement de la classe politique est bien sûr un changement radical de son mode de recrutement. L'ENA ne forme pas des chefs mais des « grands serviteurs de l'État ». Ils ne sont que cela, même si, comme de partout, il peut surgir par exception des chefs naturels. L'ENA doit approvisionner l'ensemble des corps d'Etat en expertises dont ils ont besoin pour fonctionner. Les énarques apportent la matière préparatoire à la décision puis la matière exécutoire suite à la décision. Ils ne sont d'aucune façon le muscle de la décision ; celui-ci a un nom : le discernement opérationnel des chefs naturels.

Comment trouver ces chefs ? Il suffit d'observer la société civile et notamment dans ses lieux majeurs du mouvement. Dans les start-ups et PME, il n'est point besoin d'acheter un suffrage pour avancer en première ligne et réaliser.

Les chefs naturels émergent de l'inconnu au contact du danger. Ce sont des introvertis que l'opportunité révèle. Introverti ne veut pas dire asocial ou timide : est introverti qui tire son énergie de l'intérieur. L'activité managériale est un travail permanent de « sous-pesage » intérieur, une intégration discernée des événements, une perception lente et sûre des grands mouvements du monde et la vision de leur temporalité. Quand un entrepreneur passe à l'action, au lancement comme à toute décision-clé, ce n'est que l'ultime étape d'un long travail d'intime affinage.

L'avenir, et il commence à se dessiner dans un certain nombre d'initiatives, appartient donc à tout ce qui permettra un rassemblement de talents hors partis. Rien de pire que l'étiquetage et que la matrice à sélection commerciale des partis. À vue immédiate, cela peut paraître un peu fou. Pourtant, l'exaspération est telle aujourd'hui qu'il y a comme un appel d'air et une attention pré-orientée vers tout ce qui pourra permettre de sortir du jeu sclérosé de la politique actuelle. Il suffit de voir la multiplication d'initiatives comme celles de Denis Payre (Nous Citoyens), Alexandre Jardin (Bleu Blanc Zèbre) et plus récemment Emmanuel Macron (En Marche), Robert Ménard (Oz ta droite) ou Jean-Christophe Fromentin (les 577) pour s'en convaincre. Des collectifs transverses voient le jour comme par exemple « Vos couleurs » à droite ou « Front commun » à gauche. L'avenir nous dira la part de diversion pouvant exister chez l'un ou l'autre, toujours est-il que l'écho immédiat de leur démarche souligne une soif patente d'une politique qui se ré-ennoblit en changeant son vivier et, pour dire davantage, en allant à la source des vrais talents.

Nous sommes dans des temps qui voient surgir à bien des égards un retour à la barbarie et le vieux réflexe des peuples est – enfin ! – d'aller chercher ses chefs et de réenclencher, si j'ose dire, l'émergence de son aristocratie naturelle.

Le temps viendra de voir sur quelles plateformes l'ensemble des forces nouvelles pourront se coaliser et interagir. Pour le moment, l'étape est à la bascule mentale qu'il s'agit de faire triompher dans l'intelligence des Français : nous ne sommes pas condamnés à subir des manœuvres d'appareil ; l'incroyable talent cumulé des Français sera toujours supérieur à celles-ci ; chaque pas franchi, chaque initiative locale (car c'est bien du local que tout partira), chaque rassemblement favorable cadenceront l'avancée d'une autorité légitime vers le pouvoir.

Je suis par ma mère un survivant et fier descendant de Jacques Cathelineau, petit voiturier-colporteur devenu premier généralissime des armées vendéennes (qui faillirent faire basculer la Révolution et mirent un long moment en déroute ses plus puissantes armées, notamment celles de Kléber). Comment une armée de paysans - que Napoléon lui-même honora du titre de géants - parvint-elle à durer si longtemps ? Pour trois raisons principalement : elle avait des convictions enracinées, vitales, instinctives que rien ne put faire dévier ; elle alla chercher chez les nobles comme chez ses petites gens ses chefs naturels, imposés par le temps ; elle ne se constitua jamais comme une armée régulière lourde, estampillée d'insignes et fonctionnarisée :

« rassemblement pour la cause, dispersion après ». Le soldat vendéen reste un paysan. Il se rassemble pour le combat, se bat tant et plus à l'heure cruciale, innove (pas de chaîne de commandement abrutissante) et, la guerre faite, rentre chez lui « changer de chemise » selon l'expression consacrée alors.

Je pense que nous devons nous en inspirer : chaque initiative coalisée aux autres peut très vite produire un résultat d'ampleur. Nous devons entrer dans ce que j'appelle une « communauté de mission » : comme la cause des Vendéens, elle doit nous articuler non pas suivant une logique d'appartenance à un parti (marqueur qui implique un discours systématique et rigide) mais suivant – ce qui implique autant de discernements particuliers – le bien commun rattaché à une situation. Vouloir le bien commun de la France, ça ne devrait pas être un programme mais une évidence politique. Le bien commun, ce sont trois principes très simples qu'il s'agit de décliner avec toute la présence nécessaire (discernement) et la coalition des talents experts – déjà présents ! – dans chaque contexte qui se présente à nous :

- La mise en œuvre de l'ordre (armée, police, justice) qui permet la sécurité,
- La création des conditions qui permettent la prospérité,

- La garantie d'une continuité culturelle qui permet le maintien de l'identité collective et l'expression libre des croyances.

Rassembler en France les talents autour de ces principes de bon sens est un projet à portée de main. S'égosiller sur des débats idéologiques est une perte de temps, un gâchis d'énergie, une menace pour notre unité alors que nous affrontons de terribles dangers, notamment islamistes.

Toute la créativité déployée à inventer des besoins et problématiques en dehors de ces trois principes ne peut être considérée que comme une diversion ou un aveu d'échec sur la mission principale : c'est sans doute pour cela que les partis au pouvoir depuis bien longtemps sont si créatifs. C'est d'une créativité de l'action dont nous avons besoin, pas d'une créativité marketing de « sujets » nouveaux.

La volonté de servir est présente chez une grande majorité de Français. Je vous ai parlé des entrepreneurs mais combien d'autres aussi œuvrent déjà à leur niveau. Chacun a un rôle à tenir. Je vais vous vous dire comment assembler les talents.

- **Chapitre 2** - L'équipe complémentaire plutôt qu'une bande d'experts ?

Approcher les fonctionnements opérationnels par le biais des personnalités ne permet pas seulement de comprendre comment chacun agit mais aussi comment les groupes se constituent. « Dis-moi qui tu recrutes, je te dirai qui tu es » pourrait-on dire.

Nous l'avons vu en effet les personnalités à dominante cérébrale sont attachées à produire d'abord un contenu. Ce qu'ils veulent c'est l'échange de fond. À ce titre, ils vont naturellement rechercher des personnes avec lesquelles l'échange est le plus dense possible. Ils cherchent en quelque sorte « l'ADSL » dans l'échange quotidien. Sans surprise, pour y parvenir, ils vont avoir tendance à choisir des gens qui leur ressemblent. En caricaturant, on pourrait même dire qu'il y a là une logique « consanguine ». Plus il y aura de points communs (manière de penser, éducation, école d'origine, milieu social, etc.) plus le choix se fera. Il y aura sans doute un certain nombre de différences extérieures, mais dans la réalité c'est l'accord de pensée et de la configuration mentale qui prévaudront.

De leur côté, les personnalités relationnelles vont privilégier ce qui permettra une qualité de lien. Ils entreront par conséquent dans une logique affective, sur des critères d'entente bien davantage que de complémentarité opérationnelle. Cette logique est plus aléatoire que la logique cérébrale (qui est pour le coup plus systématique dans ses erreurs) : c'est pour cela qu'avec elle nous ne sommes pas à l'abri d'une bonne surprise. Son biais déformant sera néanmoins que, dans la mesure où les comportements des « leaders » politiques sont essentiellement centripètes (cf. Chapitre *Redéfinir le leadership : tourbillon ou connexion* ?), elle induit un attachement fort pour ne pas dire inconditionnel au « leader » qui nuit beaucoup à l'indépendance d'esprit.

Nous noterons enfin que l'univers politique contient beaucoup de pervers narcissiques, dont le propre est d'exister en pillant les ressources environnantes pour les détourner à leur profit et de se hisser en rabaissant subtilement autrui. Dans cette configuration, l'équipe autour du « leader » peut être bien choisie pour la ressource qu'elle représente mais se retrouve si ce n'est détruite du moins abîmée ; en tous les cas elle ne peut pas opérer l'action supérieure vers laquelle elle avait été configurée sur le papier.

À l'ensemble de ces logiques faussées, je préfère la logique managériale d'assemblage complémentaire en vue de la réussite de la mission. Je l'évoquais en première partie, Napoléon a dû son succès militaire à la présence essentielle de Berthier, son bras droit opérationnel. Si Einstein prenait les commandes d'une aventure militaire, un complément serait, à l'évidence, indispensable : un n°2 de la trempe de Bigeard ou de Patton serait pour le moins bienvenu.

VISION

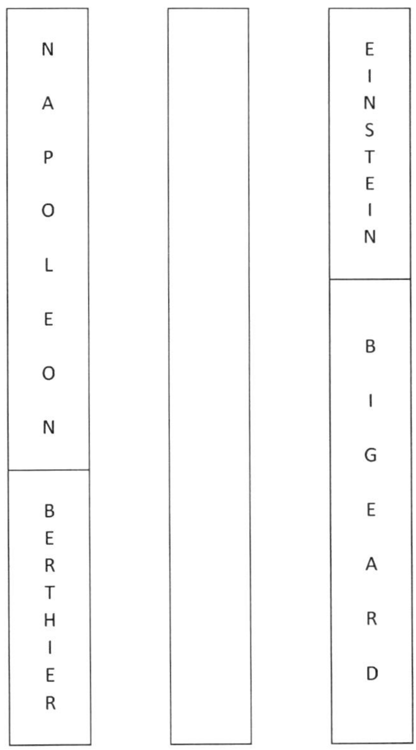

EXECUTION

C'est ainsi qu'il s'agit d'agir en politique : assembler des postures et non des savoirs, avec au minimum dans les binômes opérationnels, une posture naturelle de décision. Bigeard n'est pas forcément capable, au-delà de la bataille qu'on lui demande, d'aller chercher par une écoute large la vision stratégique du futur, là où Napoléon est naturellement prédisposé. Néanmoins, par son discernement opérationnel quotidien, Bigeard est en mesure d'assurer la survie du dispositif et compense à tout moment les excès visionnaires et parfois déconnectés du contexte d'Einstein.

La réponse à la complexité c'est l'équipe et c'est très vraisemblablement la solution vers laquelle nous devons nous tourner dans un premier temps pour compenser les errements et insuffisances de notre classe politique actuelle.

Les derniers binômes exécutifs que nous avons connus sont éloquents de ce manque de complémentarité. Il faut savoir se dégager des images d'autorité véhiculées par le discours pour prendre la mesure de la réalité du discernement et de la capacité de conduite réelle de ceux qui les « vendent ». Manuel Valls par exemple, derrière ses poses martiales, est ni plus ni moins qu'un vendeur « méchant » associé à ce qui est - du moins en apparence- un vendeur « gentil ». Avec lui, le ton a changé, pas l'action. L'augmentation du terrorisme se traduit par une violence des discours et non un durcissement du dispositif de traque et de coercition. Avec Jean-Marc Ayrault, c'était un binôme « gentil » - « gentil » ou pour être plus précis une placidité attentiste complice, là où avec Manuel Valls, comme chez Jo Dalton, il y a des colères régulières. Chez François Fillon il y a davantage une posture de numéro deux, on sent davantage la propension à la coordination, la vision de l'action : le hic est l'envahissement narcissique de Nicolas Sarkozy dans tous les compartiments qu'il est censé coordonner. Jacques Chirac choisit avec Juppé un expert et en subit un avec Jospin, se rapproche d'un « vendeur éleveur » avec Raffarin et tente le tout pour le tout avec Villepin, créatif à la mode Einstein. Depuis 1995, si ce n'est la pâle tentative d'un Fillon étouffé par l'omniprésence de son Président, il n'y a pas eu de chef dans l'exécutif français.

Chapitre 3 - Sanctuariser la prise de décision.

Comme je vous l'ai dit précédemment, la matière politique est à 80 % donnée par le contexte. La communication qui sature notre espace doit être laissée en bordure de l'action politique : laconique avant l'action, factuelle après, elle doit rester le valet de l'exercice du pouvoir, aussi sûrement qu'un aboyeur ne saurait prendre la place du monarque pour ses seules qualités de voix.

L'enjeu fondamental de la réussite d'un mandat est donc dans le dispositif qui transforme les contextes à venir en actions favorables et rend donc effective la prise de décision.

Dans ce processus complexe, deux choses sont indispensables : l'utilisation juste de l'ensemble des talents qui entourent la décision et la sanctuarisation du processus qui l'opère, c'est-à-dire très concrètement la présence, au mieux dans le binôme exécutif, au pire dans l'équipe qui l'entoure, d'un chef naturel.

C'est suivant le schéma ci-après que j'articule les talents en entreprise, la politique devrait avoir exactement les mêmes règles :

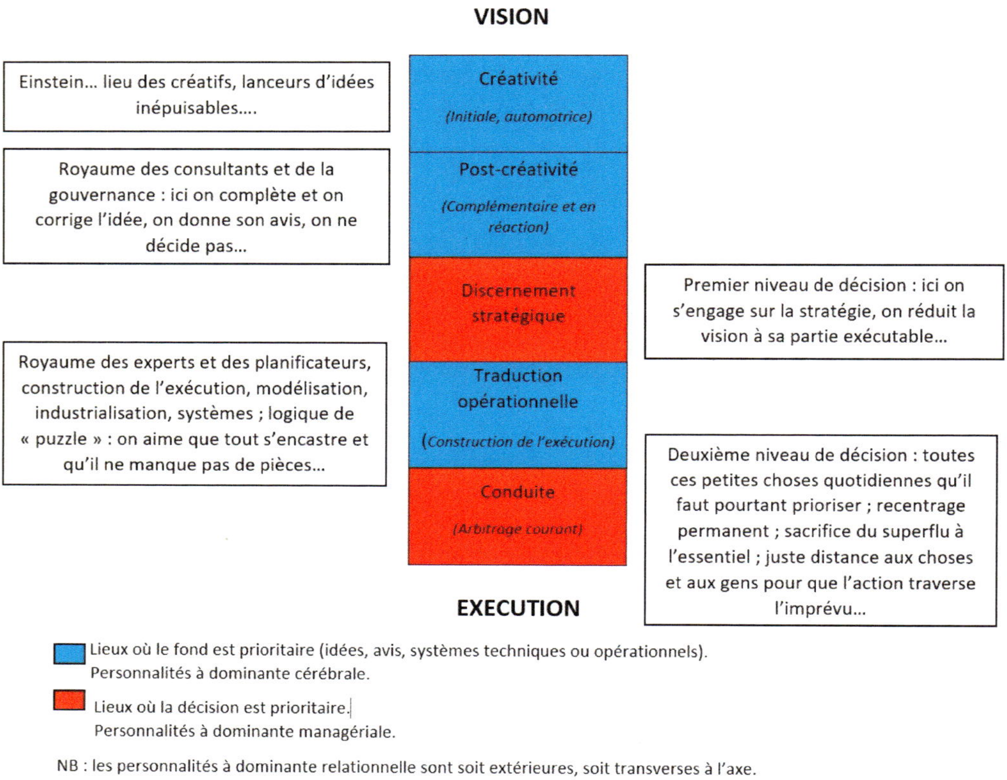

Cet axe « vision-exécution » représente non seulement les étapes du schéma de mise en œuvre opérationnelle mais aussi autant de personnalités correspondantes. Nous savons tous nous adapter momentanément, néanmoins nous avons tous une zone de confort et surtout de durée dans l'une ou l'autre de ces étapes (et quand on est à dominante relationnelle on est soit transverse à toutes ces étapes soit carrément extérieur (vente) et avec une quête autre : celle de l'échange).

Si l’on voit bien par conséquent comment les personnalités relationnelles que nous connaissons (cf. chapitre *Prêtre, Prophète ou Roi* ?) ont d’abord un rôle de promotion, d’accompagnement ou de communication quant à l’action politique (et donc, aussi sûrement que le meilleur vendeur ne devient pas DG, un rôle qui devrait s’y cantonner), il est aussi utile de distribuer avec précision les rôles de chacun pour une action efficace.

Nous pourrions nous amuser à placer un certain nombre de candidats actuels, ex-Présidents ou Président au rôle qu’ils devraient tenir dans une équipe opérationnelle.

Le schéma ci-après les répartit conformément au schéma énoncé plus haut :

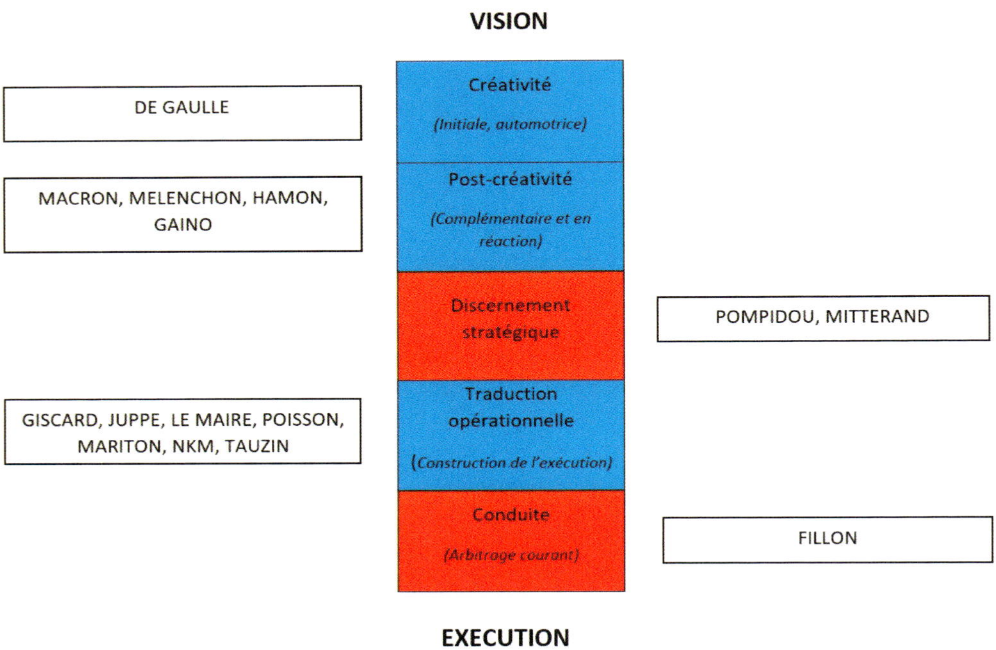

<u>VENTE :</u> CHIRAC, HOLLANDE, SARKOZY, MARINE LE PEN, DUPONT-AIGNAN, DUFLOT, MORANO, VALLS, COPE, BAYROU, BESANCENOT, JC LAGARDE, HULOT, YADE, MONTEBOURG.

C'est un constat sans appel : le passé récent comme le futur annoncé est dépourvu cruellement de chefs capables d'avoir une impulsion et surtout un discernement stratégique pour les temps à venir. Ce qui est patent aussi, c'est qu'à force de vouloir jouer un rôle qui ne leur correspond pas, un certain nombre de candidats ont dévoyé profondément les rôles auxquels leur tempérament aurait pu pourtant correspondre. Et ces rôles sont clés : que de talents prêts à servir en amont aux décideurs et à leur permettre de faire, derrière ! Toutes les bonnes volontés, une fois que les chefs, enfin, auront pris leur juste place, pourront être employées au mieux de leur capacité, car il n’y a pas de mauvais équipages, il n’y a que des mauvais capitaines.

EPILOGUE

Alors que faire ? Se résoudre à être dirigé par des imposteurs conscients ou des rêveurs inconséquents ?

Non. Il faut articuler l'action à ce que nous livre l'étape, aussi sûrement qu'on attaque d'abord l'ascension du col avant d'accéder – et surtout bien souvent de voir – le sommet.

La première étape c'est de faire avec ce qu'on a, c'est-à-dire des candidats (très) imparfaits. L'idée, après avoir fait son choix par défaut sur la base – disons - des convictions affichées et de la sincérité des candidats, est de crédibiliser leur équipe en lui adjoignant à toute force une fonction discernement, c'est-à-dire en quelque sorte une garantie « prise de décision ». Cette fonction peut, nous l'avons vu, être occupée par un futur numéro deux (futur premier ministre par exemple) et, à défaut, puisque la lutte est féroce aux abords du pouvoir, s'assurer de la présence dans le cercle proche du Président d'un chef naturel capable de lui prêter son discernement aux heures cruciales (les conseils sont par trop peuplés de « sachants » au détriment des chefs). Je pratique le « co-discernement » auprès de dirigeants de grands groupes, d'associations, d'établissements scolaires ou de start-up en hyper-croissance depuis cinq ans : je peux vous assurer que les résultats sont flagrants. Pourquoi ne pas agir de même au sommet de l'Etat ?

La seconde étape, et elle commence tout de suite, aussi sûrement que celui qui marche en montagne doit calibrer dès le départ l'énergie qu'il lui faut pour aller jusqu'au bout, est de faire émerger des chefs naturels du cœur vaillant, audacieux et inexpugnable de la nation française. Peut-être ce mouvement frémissant gronde-t-il déjà si fort qu'il peut nous apporter déjà un chamboulement net dans l'élection qui vient ? Sinon c'est la prochaine qu'il visera.

France réveille-toi ! Ton talent sourd a besoin de crier et de prendre sa place !

Ce livre aura réussi si chacun, en le refermant, ne se demande pas tant en quoi il est scandalisé de ce qui se passe mais sur quoi il peut et a envie d'agir.

Il faut unanimement vouloir se débarrasser d'une classe politique qui n'est pas légitime pour le rôle auquel elle s'accroche ou elle postule. C'est une réaction qui ne doit plus qu'être morale mais, si j'ose dire, « opérationnellement objective ». Je vous donne déjà par ce livre certains outils pour en avoir le diagnostic formel.

Puis nous allons faire émerger les talents indépendants, et pousser les chefs sur le devant de la scène. Suivant les mouvements de coordination que cela induira entre ce qui existe déjà, je me propose d'être un facilitateur, notamment par des interfaces rapides. Enfin, de ce premier col apparaîtra le second puis le sommet, à proportion d'une énergie grandie et bientôt triomphante, car, comme dit Péguy : « Il ne se peut pas que les Français soient lâches mais ils ont oublié qu'ils étaient courageux ». Le réveil est en cours…

Achevé le 07 octobre 2016, anniversaire de la bataille de Lépante, victoire du Saint Empire contre les Turcs, symbole du sursaut lucide et ferme d'une civilisation en péril.

TABLE DES MATIERES

8721756R00059

Printed in Germany
by Amazon Distribution
GmbH, Leipzig